AF599722

La ciudad del otro

Este libro ha sido impreso con papel 100% reciclado.

lasturaediciones.com / info@lasturaediciones.com

Colección Alcalima, n.º 241
Dirige la colección: Isabel Miguel

Editado en Madrid, España.

Primera edición: octubre, 2024

Depósito Legal: M-21494-2024
ISBN: 978-84-128790-6-3

Impreso en Antequera, Málaga (España)

Jorge Dioni López

LA CIUDAD DEL OTRO

Colección Alcalima de Poesía n.º 241

Para Magdalena Tirado,
amiga, maestra, madrina.

Parte 1 / Deslumbramiento

Te veo venir
con la espalda pintada,
rompiendo la niebla
de mi madrugada.
¿Qué quieres de mí?
No vas a entender
lo que ahora me pasa.
Mi vida comienza
con cada mañana.
¿Qué quiero de ti?

David Quinzán / Xoel López

La ciudad del otro

Veo las grietas y las heridas,
los pájaros y las medusas,
las puertas y las escaleras,
los huecos y las hormigas.
Los espacios donde está
el placer del otro,
la felicidad del otro,
el amor del otro,
el dolor del otro.
Hago un mapa con los propios pasos
y encuentro todos los que no era
antes de ser mirado,
los espacios donde estoy
sin saber que estaba.
Es eso, es eso.

Escalera

Un trozo de suelo,
de horizonte,
de todo aquí.
Y un trozo de pared,
de cielo,
de no estás.
Plumas y avispas,
muertes que aún no soy.
Laberinto vertical.
Aparezco. Existo. Respiro.

Como los perros

Dejamos nuestro rastro por la ciudad,
una gramática de hormigas,
un cielo de medusas,
una constelación de meadas,
que sólo nosotros podemos ver
cuando se hace de noche.

Génesis

¿Qué buscan los pájaros que bailan y
aúllan porque quieren ser escaleras?
Necesitan la certeza de que existes
sin necesidad de gramática ni piel.
Saber que puedo decir tu nombre
mientras me entierran las hormigas.
Desconozco que soy un cuerpo
porque el agua no sabe que es mar
hasta que no muere en espuma.
Convertiré mi piel en mil pájaros
para sentir que existes
sin necesidad de nombrarte.

Espejo

Junto a mí,
aúllan pájaros negros.
Baile, espiral, agujero,
trazos, sombras,
huecos, manchas.
Brotan cien hilos de hormigas
que tejen un cuerpo
que no se refleja,
que no puedo ver,
que no puedo tocar.
Sólo sé que existe
porque hablas de él.
Trato de intuirlo
en tus palabras
cuando hablas de mí.
Robo medusas al mar
para vestirme,
para ser el que ves
cuando me miras.

Espejo II

Queremos ser uno con el amado,
pero dos miradas son un laberinto.
No nos reconocemos en la descripción,
no somos el mapa que el amado sigue
cuando nos recorre y se hace *selfies.*
Hago máscaras con los espejos
para que veas lo que hay en tus ojos.
Tu mirada me hace infinito.
El vértigo de convivir
con todos mis cuerpos,
ahora que me piensas.
Perder el miedo a no ser
un cuerpo de aullidos,
sino un cuerpo de arena.
Perder el miedo a que
puedas verme sin deseo.

Bendecida

Me arrodillo ante la imagen,
como he visto hacer.
Madera policromada
de bulto redondo,
madera de boj.
Dios es verbo
cuando alguien escucha.

Punzadas

Me hago signo y busco un otro
que sepa descifrarme.
Te haces signo y me buscas,
nos acercamos, nos leemos.
Textos sagrados cuyos ritos
debemos inventar.
Llenamos los cuerpos de hormigas
que muerden las palabras
y trazan surcos
para sembrar pájaros.
El destello del vuelo de una medusa
en una habitación en llamas.
¿Ya soy deseado?
¿Todavía soy deseado?
¿Existo?, ¿soy mirado?
Sólo somos deseados en el deseo,
cuando somos signo de otro,
al que nunca podremos conocer.
Leemos y reconocemos
en un momento concreto,
el de nuestro deseo,
que crea un espacio
en el que desearnos
para que desaparezca
y sólo quedemos nosotros.

El deseo del deseo es su propia destrucción.
Su esencia es crear las circunstancias
en las que sea posible desear su muerte,
sabiendo que nunca se producirá.
Amar, escribir, vivir.
Todo es decir el tiempo.

Posibilidad y certeza

El amante
busca en el otro
un rastro de sí mismo,
un mapa de su propio cuerpo,
una intuición
de la posibilidad del uno.
Pero el amado sabe
que hay otro camino,
otro mapa, otro rastro,
donde se haya
la certeza del uno.

Zoom

¿A qué distancia se disuelve el pronombre?
¿A qué distancia desaparece el cuerpo
y la piel es arena, desierto y laberinto?
¿A qué distancia los cuerpos dejan de pertenecernos?
¿Hay una unidad de medida?,
¿un índice de disolución del yo?
Cuando te aproximas, dejo de ser reconocible.
El detalle deja de formar parte del todo.
¿Qué heridas no conozco?, ¿qué instante olvidé?,
¿esa piel es mía?, ¿quién soy?, ¿quién era antes?,
¿lo sigo siendo?, ¿y ahora?, ¿y ahora?, ¿y ahora?

Movimiento

En cada inicio,
no hay desgaste
ni perfección.
Sólo movimiento.
Cuerpos sin mirada.
No buscamos el equilibrio
ni el desequilibrio.
Buscamos. Sin más.
Ser uno, ser dos, ser uno.
Estar aquí, ahora.

La posición exacta

La belleza de las flores
depende de su posición.
La belleza de las palabras
depende de su posición.
La belleza de los colores
depende de su posición.
La belleza de los cuerpos
depende de su posición.
Las estrellas, sin embargo,
están en el lugar exacto.

Mudanza

Convertir al otro en intimidad,
transformar su cuerpo en una casa,
conocer sus pliegues, sus mesetas,
sus escaleras y sus anzuelos
hasta que dejen de ser ajenos,
hasta que dejen de ser otro
y se transformen en hogar,
algo que puede ser destruido.

Semántica

La playa pone nombre a las medusas
que moldean la sal con sus manos heladas.
El cielo pone nombre a los pájaros
que hacen agujeros para no caerse.
La tierra pone nombre a las hormigas
que le hacen cosquillas para que se ría
y nos alimente. El origen de la comedia.
Todo debe tener un nombre.
Cada piedra y cada avispa.
Cada centímetro de cuerpo,
cada pliegue y cada gota.
La playa, el cielo y la tierra
no ponen nombre para poseer,
no ponen nombre para fijar un precio
o reclamar la propiedad.
Ponen nombre para poder llamar por su nombre
a las medusas, a los pájaros y a las hormigas.
Ponen nombre, la playa, el cielo y la tierra,
para que todo exista sin estar presente.
La sombra, el hueco, el rastro.
Hubo algo, puede haber algo.
El nombre elimina la ausencia
y permite hablar al vacío, abismarse.
Todas las cosas

buscan una sombra
que encaje con su forma
de enfrentarse al sol.

Gramática

Existe hacer daño,
pero no existe hacer placer,
sino dar placer.
El placer ya está ahí,
se ofrece al descubrirlo,
se entrega en la entrega.
Existe hacer daño,
pero no existe hacer felicidad,
sino hacer feliz a alguien.
No hay felicidad en abstracto.
No hay felicidad sin sujeto ni objeto.
Existe hacer daño,
pero no existe hacer amor,
sino hacer el amor,
no un amor o este amor,
sino el artículo definido.
El sustantivo es conocido por el hablante.
Existe hacer daño,
existe hacerse daño,
existe hacernos daño,
aunque aún no lo sepamos.

Parte 2 / Conocimiento

¿Tendré que pedirte
que nunca te vayas?
¿Tendrás que rogarme
que salga de aquí?
No sé si eres un pez
o eres la espina
de la flor en tu costado

David Quinzán / Xoel López

De tu cuerpo al mío

De tu cuerpo al mío,
hay un hilo de avispas
que tensamos con los dientes
para poder recorrerlo.
De tu cuerpo al mío,
hay un hilo de aullidos
que tensamos con la boca
para saber que existimos.
De tu cuerpo al mío,
hay un hilo de anzuelos
que tensamos con los ojos
para que no se caiga el mundo.

Rutas

Pensaba que mi cuerpo era oscuro,
como todo lo sólido,
como todo lo acabado,
como todo lo definitivo,
como todo lo muerto,
hasta que empezaste a excavarlo,
sin planos, sin andamios,
con sed de plumas negras,
con ansia de ladridos,
con la fe de las hormigas.
Me llenaste de medusas transparentes
para descubrir los senderos que me habitan.
Me observo, me acaricio y me pierdo
en las rutas que me has creado,
por las que te mueves cuando tienes que irte.

DANZA

El cuerpo es suelo,
el cuerpo es aire.
Tiembla, aúlla
y se deshace
para que pueda masticarlo con los ojos
y llenar mi boca de avispas.
Masticado y digerido,
el cuerpo es mi cuerpo
y soy suelo y aire
a cambio de no ser yo.
El cuerpo dibuja caminos
que pongo en tu mesa de agua
para que puedas comerlos
con tu cuchara de postre.
Caminos masticados,
caminos digeridos,
por tu cuerpo, sin suelo ni aire,
hasta dibujar un único camino,
en el cuello tembloroso,
que aúlla y me aúlla,
suplicando avispas,
suplicando suelo,
suplicando aire.

Desmontar un cuerpo

Señalar las partes
con ceniza blanca,
buscar la zona frágil,
abrir la piel,
abonar y sembrar,
anzuelos y escaleras.
Un centímetro de sal
para coser la arena
de mi cuerpo,
ya nunca un cuerpo.
Esperas a que madure,
a que germine,
con el brote de las
primeras avispas.
Esperas a que arda
para lavarte en
mi ceniza blanca.
Esperas a que arda
para reconstruirme y
desmontarme otra vez.

Volver a ser noche

Salieron las medusas a la noche
y cubrieron la playa
hasta hacerla cenizas,
raíles y plumas oxidadas.
Salieron las medusas a la noche
y dejaron sus huevos en la playa,
esperando las escaleras
que beben su leche eléctrica.
De los huevos de las medusas,
nadie lo sabe porque nadie lo ve,
nacen los pájaros negros que aúllan
para llenar de hormigueros el cielo,
grietas por las que veo tu cuerpo,
el verbo anterior a todo.
Si pudiera acercarme más
y morder la leche negra
de las medusas recién paridas.
Salieron las medusas a la noche
y el mar lloraba anzuelos,
escaleras y libélulas
hasta quedarse seco
y volver a ser noche.
Salieron las medusas a la noche
y acariciaron con sus dedos helados

todos los castillos de arena
hasta que la arena tembló,
lista para el nuevo día.

Arena y hormigas

Me bebo tu cuerpo,
tejido con cables
robados a las medusas
que se deshacen para atarme
al cabecero de la cama.
Y me despiezo
en arena y hormigas,
sangre y anzuelos,
que pasas por un cedazo
para poder separar
lo vivo de lo muerto.

El mar devora

Construyo un castillo
en tu vientre de arena.
Construyo un castillo
que el mar devora.
Hundo mi boca de algas
en tu vientre de arena.
Te mastico y te trago,
estómago de arena,
pulmones de arena.
Sangre de arena
que el mar devora.
Piel de arena
que el mar devora.
Vientre de erizos
en el que dibujo
la sombra de la hormiga.
Entierro mi cuerpo
en tu cuerpo de arena.
Piel de anzuelos,
piel de náufrago.
Piel de sal
que el mar devora.
Piel de uñas
que el mar devora.

Construyo un castillo
en mi vientre de arena.
Construyo un castillo
que el mar devora.

CONTRA LA PARED

Contra la pared,
tu respiración abre surcos
y, con una cuchara de postre,
sacas toda la arena que tengo dentro,
hasta que sólo queda un centímetro de mar.
Contra la pared,
me despiezas como a un animal aturdido.
Como una manada de medusas heladas,
te derramas en mi espalda
y trato de contener el frío
con inútiles avispas muertas,
que construyen escaleras
con mis huesos negros.
Asciendes con el aullido del pájaro,
vomitando espirales eléctricas,
que dejan mis ojos en blanco.
Mundo que espera el amanecer,
el éxtasis de la rendición,
la liturgia de la furia.
Mi boca se retuerce
como una lagartija sin cuerpo.
Te haces hormigas para entrar
y beber mi sangre,
devorar mis músculos,

recoger las semillas,
hasta que sólo soy piel
que masticas despacio
contra la pared.

El punto exacto del aullido

Los pájaros negros aúllan
porque no saben dónde llevar su cosecha
de lenguas arrancadas a la tierra.
Los pájaros negros se abisman
entre espirales sin centro
por las que el cielo se desborda
sin nadie que pueda mirarlo.
Con las cabezas de las hormigas,
fabrico cien escaleras que ensamblo
para subir al punto exacto del aullido,
la semilla de la que brotan los túneles.
El vuelo de los pájaros negros
dibuja una piel que se desgarra.
Quisiera ser capaz de no mirarla
y renunciar a la belleza.
Encuentro tu pulso eléctrico
que me abre mil grietas
por las que los pájaros huyen.
Me abisman y me aúllan
hasta que ya no queda nada,
salvo la inmensidad de los hormigueros
de los que está hecho mi cuerpo
ahora que te conoce.

Transubstanciación

Masculino, femenino,
habitan mi cuerpo de hombre
cuando lo tocas
con tus manos de mujer.
Deseo penetrar
y ser penetrado.
Deseo fecundar
y ser fecundado.
Estar contra la pared,
la espera animal.
Deseo parir y ser parido.
Cambiar la ropa,
cambiar los cuerpos,
cambiar todo de sitio
con sólo desearnos.

Eucaristía

Tengo sangre, me dices,
como si la sangre no fuera tu cuerpo,
como si no supiera convertirla en vino
en la comunión, la mesa compartida.
Este es el sacramento de nuestra fe.
He venido a mancharme.
He venido a ser uno.
Bendita seas por este vino,
fruto de tu cuerpo,
que recibo de tu generosidad.
Él será, para mí, bebida de salvación.

Dadme agua y matadme

Miro mi piel de arena
y busco el reloj al que pertenece,
la cintura por la que debería deslizarme
para que alguien me dé la vuelta.
Pero soy el reloj.
La arena se escapa hacia el mar
que sonríe a mordiscos,
el tictac de las olas.
Porque estoy hecho de
cadáveres de hormigas
que no encontraron la grieta.
Recorro mi desierto buscando sed.
Dadme agua y matadme.
Espero inútilmente
que las olas se llenen de medusas
que me lleven arriba, más arriba.
Recorres mi desierto sembrando sed.
Me sajas con dedos de plumas negras
y me aras con lengua de anzuelos
que saca a todos los muertos de sus tumbas.
Desmontas mi cuerpo en mil playas.
Todo arde para que puedas bañarte
en un ataúd de ceniza blanca
donde enterrarás el tictac de las olas.

Lleno mi boca en ruinas
de sal de plumas negras
hasta que brotan avispas
de mirada furiosa.
Ojalá deshacerse en hormigas,
en pájaros o en medusas,
en algo vivo,
en algo que necesite respirar,
en algo que se oxide,
en algo que transforme
el alimento en mierda.
Recorro mi desierto buscando sed.
Dadme agua y matadme.

La imposibilidad de quedarse

Las hormigas del cielo
y las hormigas del mar
sonríen y me disputan.
Ven, niño lindo,
te daré una sábana de plumas negras.
Ven, mi cielo,
a mi colchón de ceniza blanca.
Sólo yo veo los hormigueros
que han dejado las medusas
al salir a la playa
para morir descalzas.
Si pudiera acercarme,
vería por fin mi rostro
y oiría a las hormigas.
Ven, niño lindo;
ven, mi cielo.
La tentación de subir,
la tentación de bajar,
la imposibilidad de quedarse.
Aquí. Ahora. ¿Y ahora?

Parte 3 / Alejamiento

Te veo salir
con la espalda pintada.
No sé si encontraste
lo que viste en mí.
Te irás con el alba,
lo harás sin saberlo.
Fue bueno saber
que pensabas en mí.
¿Aún piensas en mí?

David Quinzán / Xoel López

Igual

La piedra guarda la arena que será.
La ruina no es el vacío,
sino la fe que contuvo.
Buscamos el sentido a partir del final,
como si los actos no tuvieran vida propia,
como si la playa no pariera
hormigueros y medusas,
escaleras que bailan hasta ser puertas,
sábanas de ojos blancos,
como si todo fuera una operación matemática
que debe terminar con el signo igual.

Somos

¿Echo de menos ser el que te toca,
el que te escucha, el que te piensa?
¿La calma del atardecer,
la vida hecha,
los lados de la cama,
la lista de la compra?
No puedo volver a ser un cuerpo
por el que no entre la luz.
La ausencia del que soy
cuando somos juntos.

Peldaño fantasma

Pensábamos que seguía,
que aún no habíamos llegado.
Todas las escaleras son raíles cansados de esperar un
[tren
o todos los raíles son escaleras que ya nadie necesita
[subir
porque ya no hay arriba ni abajo ni estación de destino.

Ruinas

¿Cuál es el momento en el que ya no somos
lo que puede ser, sino lo que queda?
¿Cuándo pasamos de la exploración
a la resistencia?
Somos lo que queda,
aunque no podamos verlo
porque estamos concentrados
en el trabajo de seguir siendo,
permanecer, ocupar un espacio.
Aquí. Ahora. El mordisco.

Restos

Palabras masticadas,
tragadas, digeridas
y expulsadas
como materia fecal
con la que me alimento,
con la que construyo
nuevas palabras,
delgadas como avispas,
que mastico y trago.
Ya no tengo más.
Me alimento de mis restos.
Palabras que se guardan
en las bolsas del mercadona
que llevan los niños a la playa
y hacen castillos con ellas
y las entierran en la arena
y las dejan tiradas
para ir a nadar.

El Congreso de Viena

¿Cuándo decidimos que la cama tenía dos lados
y los repartimos, como en el Congreso de Viena?
¿Cuándo decidimos convertirnos en zona de
[sacrificio?
¿Cuándo nos hicimos sedentarios y descubrimos la
[propiedad?
Fuimos metrópoli y colonia. Extrajimos materias
[primas.
Firmamos tratados de comercio
para intercambiar productos y servicios
hasta deforestarnos.

Borrar las palabras

Doblar el espacio que nos alimentó,
como una sábana, ya sin huellas,
antes de ser enterrada en el armario.
Colocar la electricidad que me dio vida
sobre la cama, en pequeños montones,
antes de entrar dócilmente en la maleta.
Amontonar las calles,
los puentes, las tiendas,
los cafés, los platos,
y meterlo todo
en una caja de ikea,
como los juguetes
cuando llega la cena.

PRONOMBRE

Me alimento despacio
de la metadona digital
de audios, fotos y textos.
Recorro el camino que hay hasta ti,
pero el pronombre es un espacio vacío
en el que puedo erigir estatuas,
sembrar dioses y altares
para hacer sacrificios,
esperando tu regreso.
Trazo un camino siguiendo tu rastro,
tiro raíles, excavo túneles,
que siempre me llevan a una playa
llena de medusas
negras como el hielo.
Guardan sus huevos
de las miradas feroces
de los que fuimos,
de los que aún somos
en ese rastro
de audios, fotos y textos
que se resiste a morir.
Acaricio con los dientes
todas las avispas
que duermen en mi boca.

Saco con los dientes
todas las hormigas
clavadas en mi cuerpo
y las quemo en mi ombligo.
Mi móvil no sabe menstruar.
No es capaz de expulsar
lo que ya no puede ser fecundado.
Pronombres, como castillos de arena,
que destruyo minuciosamente
porque uno de los dos tiene que hacerlo.

Caras de Bélmez

Bañado en la escarcha
de las hormigas muertas,
recorro los lugares
donde antes estabas.
Audios, fotos y textos,
estados de guasap,
historias de instagram.
Es tu voz, pero no eres tú.
Es tu imagen, pero no eres tú.
Psicofonías, caras de Bélmez,
sin nadie que las descifre.
Tengo miedo de reflejarme
en el espejo de escarcha.
En mi bolsillo,
hay una ciudad que lleva tu nombre
y de la que ya no tengo mapa.
Tengo miedo de encontrarme.

Algoritmo

Necesito una escalera
para moverme por mi cuerpo
que me indique dónde debo ir,
dónde está arriba y abajo.
Necesito una escalera
que me ayude a respirar otra vez.
Ojalá un algoritmo
que ordene la galería
por estados de ánimo,
por la intensidad de la huella,
por su potencial peligrosidad.
No era el viento. Llorabas.
Una mano sujeta tu rostro.
Ojalá un navegador que me indique dónde aullaban los pájaros,
dónde están las grietas por las que se escapaba la arena,
dónde viven ahora las medusas que comían tartas de manzana,
dónde han ido a morir las escaleras que hacías con el mar.
Lugares que tengo que evitar.
En la tercera foto, toma la última salida.
Has llegado a tu destino.

MICROPOEMA DE TERROR

En línea.
Escribiendo.
En línea.
Escribiendo.
En línea.
Última conexión.

SILENCIO

Todo calla,
menos la muerte.
La oigo venir
en el volumen de la música,
en la velocidad de las palabras,
en la ruina del cuerpo.
Ya no puedo ser sembrado
porque, en la arena,
no crece nada,
salvo postales
y latas de cerveza.
No hay exactamente palabras,
pero tampoco hay silencio
porque lo pienso,
lo digo y lo escribo
exactamente ahora
y en la hora
de nuestra muerte.
Amén.

GRACIAS

En enero de 2023, entregué el manuscrito de mi segundo ensayo. Llevaba casi cinco años leyendo sobre urbanismo, sociología o política. Estaba saturado. Le pedí a mi amiga Magdalena Tirado que me recomendase algún libro. Tienes que leer poesía, me dijo, y me presentó a Chantal Maillard.

También leí a Valeria Correa Fiz o Alejandra Pizarnik y recuperé a mis preferidos: Lorca y Borges. También hay rastros de Antonio Colinas, Ida Vitale o Enrique Bunbury. Otra amiga, Lucía Emmanuel, también me hizo buenas recomendaciones, como Berta García Faet, además de regalarme su libro *Muro con Buganvilla*.

Por aquella época, también comencé a escuchar el podcast Punzadas Sonoras, de Inés García y Paula Ducay. En esos meses, siempre partían de una figura del libro de Roland Barthes *Fragmentos de un discurso amoroso*. La deuda con ellas es tan grande como obvia en todo el poemario. En su primera versión, se titulaba *Reconstrucción de un discurso amoroso*.

Magdalena también revisó todos los poemas y me hizo recomendaciones oportunas sobre el ritmo o las imágenes. Siguiendo sus consejos, borré, borré y borré.

ÍNDICE

Esta primera edición de *La ciudad del otro* de Jorge Dioni López
terminó de imprimirse en Antequera (Málaga) el 19 de
octubre de 2024, fecha en la que se conmemora
el nacimiento de la periodista y
escritora Shanta Shelke.